Learning to Get Along®

I0881689

Share and Take Turns

Comparte y turna

Cheri J. Meiners, M.Ed.

Ilustrado por Meredith Johnson

Traducido por Ingrid Paredes

free spirit PUBLISHING®

Library of Congress Cataloging-in-Publication Data
Meiners, Cheri J., 1957– author.
Share and take turns = Comparte y turna / Cheri J. Meiners, M.Ed. ; illustrado por Meredith Johnson ; Spanish translation by Ingrid Paredes.
pages cm. — (Learning to get along series)
English and Spanish.
Summary: "Bilingual English-Spanish early childhood book teaches children about sharing. Presented in a social story format. Also includes a section for adults with discussion questions, activities, and tips to reinforce improving social skills"— Provided by publisher.
ISBN 978-1-57542-474-3 (paperback) — ISBN 1-57542-474-6 (paperback) 1. Sharing—Juvenile literature. I. Johnson, Meredith, illustrator. II. Meiners, Cheri J., 1957– Share and take turns. III. Meiners, Cheri J., 1957– Share and take turns. Spanish. IV. Title. V. Title: Comparte y turna.
BJ1533.G4M4518 2014
177'.7–dc23

2014013006

ISBN: 978-1-57542-474-3

Edited by Marjorie Lisovskis
Translation edited by Edgar Rojas, EDITARO

Printed in China

Free Spirit Publishing
An imprint of Teacher Created Materials
9850 51st Avenue North, Suite 100
Minneapolis, MN 55442
(612) 338-2068
help4kids@freespirit.com
freespirit.com

FSC
www.fsc.org
MIX
Paper | Supporting responsible forestry
FSC® C144853

Dedication

To Dad and Mom for teaching me about sharing
and to Vic, Rob, and Erik for helping me practice

Dedicatoria

Para Papá y Mamá por enseñarme a
compartir y a Vic, Rob y Erik por
ayudarme a practicar

It's fun to play and imagine.

Es divertido jugar e imaginar.

Sometimes when I play,
I want what other people have,

A veces cuando juego,
quiero lo que otros tienen,

or they want what I have.

o ellos quieren lo que yo tengo.

I know a way we can get along.
We can share.

Yo sé una manera de cómo podemos llevarnos bien.
Podemos compartir.

One way to share is to divide things.

Una forma de compartir es dividir las cosas.

Another way to share is to use things together.

Otra manera de compartir es usar las cosas juntos.

Playing together can be more fun than playing alone.

Jugar juntos puede ser más divertido que jugar a solas.

Trading is also a way to share.

Podemos compartir intercambiando cosas.

My friend can use what I have,
while I use what my friend has.

Mi amiga puede usar lo que yo tengo,
mientras yo utilizo lo que ella tiene.

Taking turns is a way of sharing, too.

Turnarse es también una manera de compartir.

When we can't use something at the same time,
I can wait for my turn.

Cuando no podemos usar algo al mismo tiempo,
yo puedo esperar mi turno.

I can also share things I know.

También puedo compartir cosas que sé.

And I can share special things about me, like things I make and do.

Y puedo compartir las cosas que me hacen alguien especial, como las cosas que hago.

When I help someone, I share my time.

Cuando ayudo a alguien, yo comparto mi tiempo.

I might offer to share, or another person might offer to share.

Quizás ofrezco compartir, u otra persona quizás ofrece compartir.

1

Sometimes I ask a friend to share.

A veces le pido a un amigo que comparta.

I'm glad when someone shares with me.

Me alegro cuando alguien comparte conmigo.

If the person says no, I can do something else.

Si la persona dice que no, yo puedo hacer otra cosa.

It's not always easy to share.
I might have something that's special to me.

A veces no es fácil compartir.
Quizás tengo algo que valoro mucho.

I might not want to share it.
Or I may not feel ready to share.

Quizás no lo quiera compartir.
O quizás no esté lista para compartir.

That's okay.
I can choose
not to share . . .

Está bien.
Yo puedo decidir
no compartir . . .

or offer to share later . . .

o puedo ofrecer compartir más tarde . . .

or share something else.

o compartir otra cosa.

Sometimes, I decide to share even though it's hard for me.

A veces decido compartir aunque se me haga difícil.

When I share or take turns, I'm being generous.

Cuando comparto o espero mi turno, estoy siendo generoso.

I'm learning to make good choices.
I'm learning to think about others.

Estoy aprendiendo a hacer buenas elecciones.
Estoy aprendiendo a pensar en los demás.

No matter where I am, or who I'm with,

No importa donde esté, o con quien ande,

there are special ways that I can share.

hay maneras especiales que puedo compartir.

Ways to Reinforce the Ideas in *Share and Take Turns*

As you read each page spread, ask children:

- What's happening in this picture?

Here are additional questions you might discuss:

Page 1

- Why are these children having a good time?

Pages 2–3

- Who could share in this picture? What could that person do?
- Have you ever wanted to play with something another person was using? What happened?

Pages 4–11

- What is sharing?
- How are these children sharing?
- What are some other things we (you) can share by dividing? use together? share by trading?
- How does taking turns help people get along? *(Include in your discussion the idea of being fair. Also discuss some situations where there may be several possible ways to share.)*

Pages 12–15

- When have you shared something you know? Something you made?
- When have you shared by helping someone or doing something for another person?
- What are some ways you share at school (at home, outside, in other settings)?

Pages 16–21

- What are some times you can offer to share with someone else? How can you offer? What can you say?
- What are some times you might ask someone to share with you? How can you ask? What can you say?
- What can you say if the person says yes?

- What can you say if the person says no? What can you do instead? *(In discussing ways to ask and offer, talk about the importance of being friendly and polite. For example, instead of, "Gimme that book—I want it!" people are more likely to want to share when asked, "Could I please see that?" or, "Will you be done soon? Can I use it then?" Help children understand that being courteous when talking about sharing is a way to show respect.)*

Pages 22–27

- When is it hard to share? Why is it hard?
- If you don't want to share something, what can you say? What can you do?
- What are some things that you *shouldn't* share? *(Often medical or health reasons such as allergies dictate rules about what should not be shared. For example, at school, children may be told not to share combs, hats, or food. At home, children may be told not to drink from someone else's cup. Be clear in this discussion about things that children should not share and what they can say when someone asks them to share any of these things.)*
- Have you ever shared something when it was hard to do? What happened? How did you feel? How did the other person feel?
- Has anyone ever shared something with you even though it was hard to share? What happened? How did you feel?
- What does it mean to be generous? *(Children might suggest being kind, sharing, and being willing to let others play with them or use their things. You might also discuss the opposite of being generous: being selfish. At the same time, make it clear that while it's good to be generous, no one is expected to be generous with everything all the time.)*

Pages 28–29

- How do you decide to share or not share?
- Why is it important to think about others?

Pages 30–31

- Where are some places you can share?
- Who are people you can share with? What can you share?
- What are some special ways you can share? *(Help children think about personalized ways they can share. Children can share things they make, such as pictures, puppets, clay figures, or food. They can share ideas about ways to use a toy or solve a problem. They can also share skills or talents—for example, by showing a younger sibling how to print letters, or by singing or teaching others a song. The idea is to help children identify a range of ways to share and also ways of sharing that are uniquely theirs.)*

Sharing Games

Read this book often with your child or group of children. Once children are familiar with the book, refer to it when teachable moments arise involving positive behavior or problems related to sharing and taking turns. Make it a point to notice and comment when children share and take turns. In addition, use the following activities to reinforce children's understanding of how to share and take turns.

Ways to Share Game

Materials: Pictures of toys and small items cut from magazines and catalogs; bag to hold the pictures; whiteboard with magnets, or 4 index cards

Level 1

Review pages 4–11 with your child or group of children, making sure they understand the different ways to share that are described. Then have a child draw a toy from the bag. Ask: "How can you share this?" or "How can (child's name) share this?" Be open to more than one possible way to share the item. Follow-up questions you might ask include: "Who could you share this with?" or "Is this something you would share?" Repeat with other toys from the bag.

Level 2

Write the words *Divide, Use Together, Trade,* and *Take Turns* on the board, or write one term on each index card and lay the cards on the table. Follow the procedures for Level 1, this time having the child explain how to share the item and place its picture under the appropriate term on the board or on the appropriate index card.

Sharing Role Plays

Materials (Levels 1 and 2): Photocopies of the stick-puppet template on page 40 (one for each child and yourself); crayons or markers; other materials for decorating (yarn, glitter, construction paper); scissors; Popsicle sticks; glue; pictures of toys and small items cut from magazines and catalogs; small self-stick notes or two-sided removable tape (for attaching the pictures to the puppets so the stick characters can "hold" the toys)

Preparation (Levels 1 and 2): Cut out more pictures than there are people in your group (you may also draw pictures of toys and other items if you prefer); glue the pictures to self-stick notes or put the two-sided removable tape on the back of each picture. With children, color, cut out, and decorate the stick puppets. Glue the puppets to the sticks.

Level 1

Review a scene from the book and have children in groups of two or three enact it, using the toys described or other favorite items. (Not all materials will be appropriate for all ways of sharing.) Repeat this with several scenes from the book.

Level 2

Form groups of two or three children and give each group one picture. Then call out a direction, such as "Offer to trade" or "Ask if you can have a turn." Have children take turns using their stick puppets to role play as directed, switching roles so all children get a chance to have their puppets play different parts. Continue to role play and have children role play scenes in which the puppets:

- offer to share or invite someone to take part
- ask if they may share or have a turn
- find ways to share and take turns
- find ways to solve problems when someone doesn't want to share or take turns

Level 3

With children in groups of two or three, describe a scenario using dolls or stuffed animals. You might say, "Tootie is playing with the truck. Big Bear wants to use the truck, too. How can they use it together?" Invite children's ideas, and ask about other ways the truck can be shared.

Then have children role play this and other scenes using dolls, action figures, and stuffed animals who are playing with toys from your classroom or home. Start with neutral toys that are not favorites; then move to toys that are often in demand or that children find difficult to share. Encourage children to practice ways to ask or offer to share; ways to share by dividing, using together, trading, and taking turns; and ways to solve problems when someone doesn't want to share or isn't ready to do so.

When a problem arises that involves sharing or taking turns, use the stick puppets, dolls, or stuffed animals to role play ways to deal with the situation, or have children enact solutions.

Maneras de reforzar las ideas en *Comparte y turna*

Conforme vayas leyendo cada doble página, pregunte:

- ¿Qué está pasando en esta ilustración?

Aquí hay preguntas adicionales que puedes discutir:

Página 1

- ¿Por qué se divierten los niños?

Páginas 2 y 3

- ¿Quién puede compartir en esta ilustración? ¿Qué puede hacer esa persona?
- ¿Alguna vez has querido jugar con algo que otro esté usando? ¿Qué pasó?

Páginas 4 a 11

- ¿Qué es compartir?
- ¿Cómo están compartiendo estos niños?
- ¿Qué son otras cosas que podemos compartir dividiendo? ¿Usando juntos? ¿Compartir intercambiando?
- ¿Cómo el tomar turnos ayuda a que la gente se lleve bien? *(Incluye en la charla el concepto de ser justo. También habla sobre algunas situaciones donde pueda haber varias maneras de compartir).*

Páginas 12 a 15

- ¿Cuándo has compartido algo que conoces? ¿Algo que hiciste?
- ¿Cuándo has compartido ayudando a alguien o haciendo algo para ayudar a otros?
- ¿Cuáles son algunas maneras en que puedes compartir en el colegio (en la casa, afuera, en otras partes)?

Páginas 16 a 21

- ¿Cuándo puedes ofrecer compartir con otros? ¿Cómo puedes ofrecer? ¿Qué puedes decir?
- ¿ Cuáles son las veces en que puedes pedirle a alguien que comparta contigo? ¿Cómo puedes preguntarle? ¿Qué puedes decir?
- ¿Qué puedes decir si la persona dice que sí?

- ¿Qué puedes decir si la persona dice no? ¿Qué puedes hacer en vez de compartir? *(Cuando hables sobre las maneras de pedir y ofrecer, habla de la importancia en ser amable y cortés. Por ejemplo, en vez de decir "¡Dame ese libro! ¡Lo quiero!" quizás los demás estén más dispuestos a compartir si les pides: "¿Por favor, puedo ver eso?" o "¿Terminarás pronto? ¿Podré usarlo cuando termines?" Ayuda a niños a entender que ser cortés cuando hablan sobre compartir es una forma de demostrar respeto).*

Páginas 22 a 27

- ¿Cuándo es difícil compartir? ¿Por qué es difícil?
- Si no quieres compartir algo, ¿qué puedes decir? ¿Qué puedes hacer?
- ¿Cuáles son algunas cosas que *no debes* compartir? *(Frecuentemente, por razones de salud, como las alergias, hay reglas que dictan lo que no se puede compartir. Por ejemplo, en el colegio, se les instruye a los niños no compartir peines, gorras o comida. En casa, se les instruye no tomar del mismo vaso de otra persona. Habla claro sobre las cosas que los niños no deben compartir y qué pueden decir cuando alguien les pide compartir algunas de estas cosas).*
- ¿Has compartido algo que se te hizo difícil compartir? ¿Qué pasó? ¿Cómo te sentiste? ¿Cómo se sintió la otra persona?
- ¿Alguien ha compartido algo contigo aunque se le hizo difícil compartir? ¿Qué pasó? ¿Cómo te sentiste?
- ¿Qué significa ser generoso? *(Los niños pueden sugerir cosas como ser amable, compartir y estar dispuestos a permitir que otros jueguen con ellos o que usen sus cosas. También puedes hablar de lo opuesto de ser generoso: ser egoísta. También deja claro que aunque ser generoso es bueno, no se espera que seamos generosos con todo, a todo momento).*

Páginas 28 y 29

- ¿Cómo decides compartir o no?
- ¿Por qué es importante pensar en los demás?

Páginas 30 y 31

- ¿Cuáles son algunos de los lugares donde puedes compartir?
- ¿Con quiénes puedes compartir? ¿Qué puedes compartir?
- ¿Cuáles son algunas maneras especiales en que puedes compartir? *(Ayuda a los niños a pensar en maneras individuales de compartir. Ellos pueden compartir cosas que hacen, como ilustraciones, títeres, figuras de plastilina o comida. Pueden compartir ideas sobre la forma de utilizar un juguete o resolver un problema. Pueden compartir habilidades o talentos, como enseñándole a un hermano menor cómo escribir cartas, o enseñar a otros una canción. La idea es ayudar al niño a identificar la diversidad de opciones para compartir y la forma de compartir sus propios talentos).*

Juegos de compartir

Lee este libro a menudo con tu niño o grupo de niños. Cuando los niños estén familiarizados con el contenido, utilízalo cuando surjan momentos de enseñanza, ya sea el comportamiento positivo o problemas relacionados con compartir o tomar turnos. Resalta o comenta cuando los niños compartan y tomen turnos. También puede usar las siguientes actividades para reforzar el conocimiento de los niños de cómo compartir y tomar turnos.

Juego de maneras de compartir

Materiales: Fotografías de juguetes y recortes de objetos pequeños de revistas o catálogos; bolsas para guardar las fotos; pizarrón con imanes, o 4 fichas.

Nivel 1

Repasa las páginas 4–11 con tu niño o grupo de niños asegurándote que entienden las varias formas de compartir que se describen. Pide a un niño que escoja un juguete de la bolsa. Pregunta: "¿Cómo puedes compartir esto?" o "¿Cómo puede (nombre del niño) compartir esto?" Ten en cuenta la posibilidad de que puede haber más de una forma de compartir este objeto. Puedes hacer otras preguntas como: "¿Con quién puedes compartir esto?" o "¿Esto es algo que compartirías?" Repite las preguntas con otros juguetes de la bolsa.

Nivel 2

Escribe en el pizarrón las palabras *Dividir, Usar juntos, Intercambio y Tomar turnos*, o escribe un término en cada ficha y colócalas sobre la mesa. Sigue los procedimientos del Nivel 1 pero esta vez haciendo que el niño explique cómo compartir el objeto y colocando la foto debajo del término apropiado en el pizarrón o en la ficha apropiada.

Actuando a compartir

Materiales (Niveles 1 y 2): Fotocopias de la plantilla del títere en la página 40 (una para cada niño y una para usted); crayones o marcadores; otros materiales para decorar (lana, diamantina, cartulina); tijeras; palitos de paleta; pegamento; fotografías de juguetes y objetos pequeños recortados de revistas y catálogos; fichas pequeñas autoadhesivas o cinta con doble pegamento (para adherir las fichas a los títeres y el personaje dibujado pueda "agarrar" los juguetes).

Preparación (Niveles 1 y 2): Recorte más fotografías que la cantidad de gente que hay en su grupo (también puede dibujar juguetes u otros objetos si lo desea); pegue las fotografías a las fichas autoadhesivas o coloca la cinta con doble adhesivo por detrás de cada imagen. Pinte, recorte y decore los títeres con los niños. Pegue los títeres a los palos de paleta.

Nivel 1

Repase una escena del libro y haga que los niños (en grupos de dos o tres) la actúen usando los juguetes descritos u otros objetos favoritos. (No todos los materiales serán apropiados para todas las formas de compartir). Repita este proceso con varias escenas del libro.

Nivel 2

Haga grupos de dos o tres niños y dele una fotografía a cada grupo. Después diríjalos, ya sea "Ofrece compartir" o "Pregunta si puedes tener turno". Haga que los niños se turnen usando los títeres para que representen los papeles indicados y cambien de papeles para que todos los niños tengan la oportunidad de que sus títeres hagan distintas representaciones. Continúe con las representaciones y haga que los niños interpreten las siguientes representaciones:

- ofrecer compartir o invitar a alguien a integrarse
- preguntar si pueden compartir o si pueden turnar
- encontrar maneras que puedan compartir o turnar
- encontrar maneras de resolver problemas cuando alguien no desea compartir o turnar

Nivel 3

En grupos de dos o tres, describe una escena usando muñecas o peluches. Puedes decir: "Tootie está jugando con el camión. Oso Grande quiere usar el camión también. ¿Cómo lo pueden usar juntos?" Escuche las ideas de los niños y pregúnteles por otras formas en que se pueda compartir el camión.

Después haga que los niños interpreten esta y otras escenas usando los muñecos y peluches con los que están jugando en su aula o en sus casas. Empiece con juguetes neutros que no sean los preferidos de los niños. Después use los juguetes que por lo general desean usar y se les haga difícil compartir. Anime a los niños a practicar formas de pedir o de ofrecer compartir, formas de compartir dividiendo, de usar juntos, intercambiando y turnando y la manera de resolver situaciones cuando alguien no quiera o no esté listo para compartir.

Cuando surja un problema que involucre el acto de compartir o turnar, use los títeres de palo de paleta, muñecos o peluches para hacer representaciones de cómo lidiar con la situación, o haga que el niño interprete soluciones.

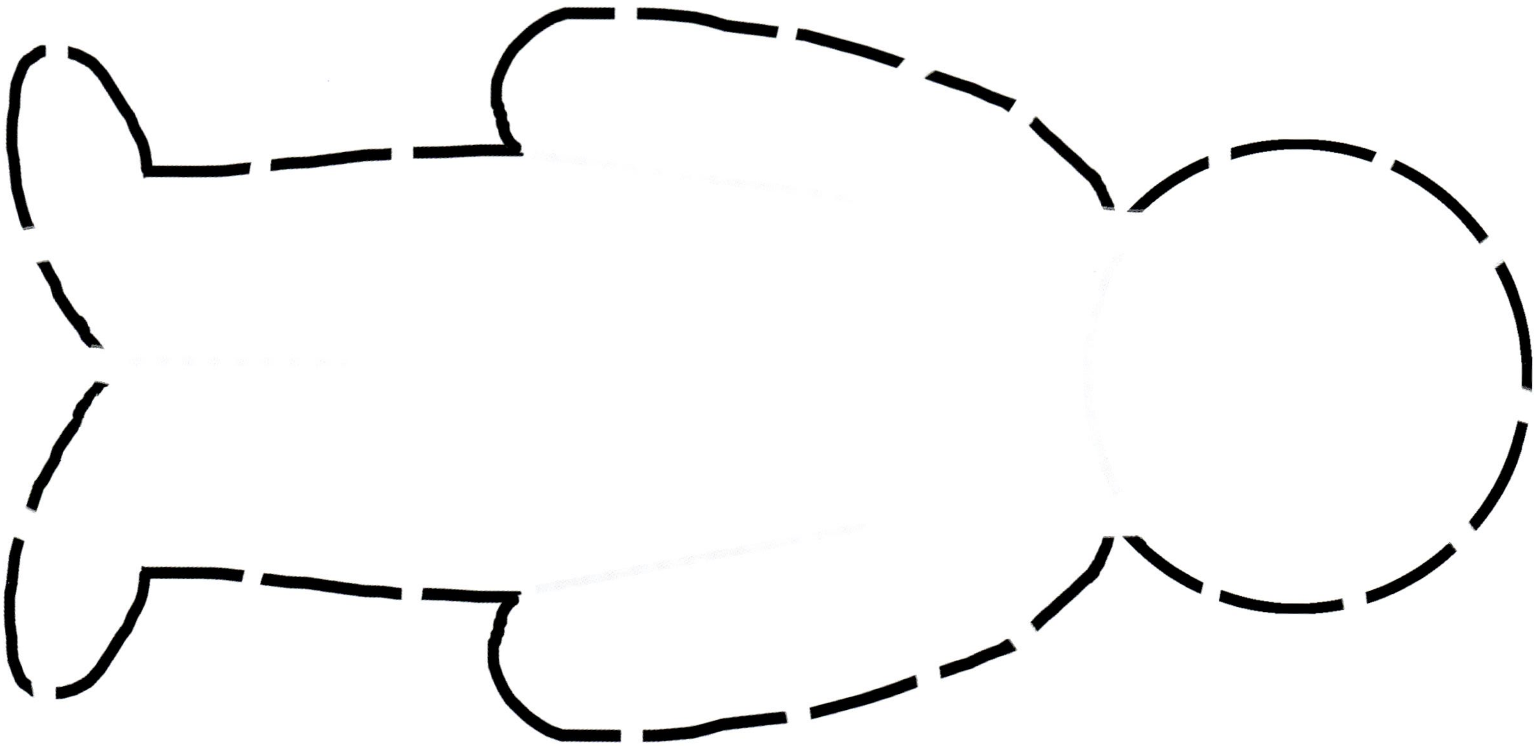

Acknowledgments

I wish to thank Meredith Johnson for her beautiful illustrations. I also thank Judy Galbraith and all those at Free Spirit who believed in this series. Special thanks go to Marieka Heinlen for the lovely design and to Margie Lisovskis who, as editor, has contributed her wonderful expertise and creativity. Finally, I am grateful to Mary Jane Weiss, Ph.D., whose insight, skill, and caring have done much to advance the field of teaching social skills.

Agradecimientos

Quiero agradecerle a Meredith Johnson por sus bellas ilustraciones. También quiero agradecerle a Judy Galbraith y a todos en Free Spirit que creyeron en esta serie. Muchísimas gracias a Marieka Heinlen por el lindo diseño y a Margie Lisovskis quien como editora ha contribuido con su maravillosa pericia y creatividad. Por último, estoy agradecida con Mary Jane Weiss, Ph.D., cuya perspicacia, habilidad y cuidado han hecho mucho por el avance en el conocimiento de habilidades sociales.

About the Author

Cheri J. Meiners, M.Ed., has her master's degree in elementary education and gifted education. The author of the award-winning Learning to Get Along® social skills series for young children and a former first-grade teacher, she has taught education classes at Utah State University and has supervised student teachers. Cheri and her husband, David, have six children and enjoy the lively company of their grandchildren.

Acerca de la autora

Cheri J. Meiners, M.Ed., tiene una maestría en Educación Primaria y Educación Dotada. Es autora de la galardonada serie sobre comportamiento social para niños Learning to Get Along, fue maestra de primer grado, ha dictado clases de educación en la Universidad Estatal de Utah y ha supervisado a maestros practicantes. Cheri y su esposo, David, tienen seis hijos y disfrutan de la compañía de sus alegres nietos.